Elfriede Voigt

Die „Butter-Jette“

oder

Erinnerungen an den „Gasthof zum Meix“ bei Pillnitz

DONATUS

Bibliografische Information der Deutschen Nationalbibliothek:
Die Deutsche Nationalbibliothek verzeichnet diese Publikation in der Deutschen Nationalbibliografie; detaillierte bibliografische Daten sind im Internet über www.dnb.de abrufbar.

Impressum

Umschlag: spitzenton.design
Verlag: Donatus-Verlag, Niederjahna
Herstellung: Books on demand, BOD Norderstedt
ISBN: 978-3-946710-32-5

Inhaltsverzeichnis

„Das Schicksal kann ganz im stillen, ganz leise, leise,
viel grausamer und erbarmungsloser sein
als in dem Donner, mit welchem es dann und wann
über die Welt hinfährt."

Wilhelm Raabe

Elfriede Voigt vor dem Gedenkstein „Fasels Ruhe".

Vorwort

Die Autorin der Erzählung „Die Butter-Jette oder Erinnerungen an den Gasthof zum Meix" kenne ich seit 1965: Sie war meine Biologie-Lehrerin an der Weinholdschule in Reichenbach im Vogtland. Ich kannte sie als „Frau Wagner". Ihren Mädchennamen, unter dem sie später Gedichte und Erzählungen veröffentlichte, erfuhr ich erst 2001, als mir mein Vater das Büchlein über den „Gasthof zum Meix" schenkte. Ich las es mit Interesse, der Stil der Erzählung gefiel mir, und der Inhalt berührte mich sehr. So entstand der Wunsch, mir diesen Gasthof zum Meix (oder was davon noch übrig war) einmal anzusehen.

Seit 1977 wohne ich in Dresden, ich kenne die Meix-Mühle, aber von einem Gasthof zum Meix hatte ich noch nicht gehört. Also wanderte ich eines Tages von Pillnitz aus durch den Friedrichsgrund zu der besagten Stelle und stand schließlich vor einem frisch verputzten Haus mit neuen Fenstern. Davor war ein Mann – offenbar der Hausherr – gerade mit dem Säubern des Weges beschäftigt. Ich erkundigte mich, ob das der ehemalige Gasthof zum Meix sei, was er mir bestätigte. Als ich ihn fragte: „*Sagt Ihnen der Name ‚Butter-Jette' etwas?*", wurde er hellhörig, und wir kamen ins Gespräch.

Ich erfuhr, dass er aus dem Badischen nach Sachsen gekommen war und das Grundstück mit dem Haus erworben hatte, um es für sich als möglichen Alterswohnsitz zu gestalten. In Eigenleistung hatte er das Gebäude schon teilweise saniert, als ihm die Erzählung von der „Butter-Jette" in die Hände fiel. Nun war sein Ehrgeiz geweckt, den Gasthof zum Meix wieder erstehen zu lassen. Auch wollte er mit der Autorin Elfriede Voigt Kontakt aufnehmen, und den konnte ich vermitteln. Es folgten Briefe und Telefonate und schließlich ein Besuch der Autorin auf dem „Meix“. Pläne wurden geschmiedet, in etwa zwei Jahren könnte der Gasthof eröffnet werden, glaubte man. Später sollte auch der verwahrloste Ballsaal neben dem Haus wieder aufgebaut werden …

Das waren zu optimistische Einschätzungen, die Realität erwies sich als komplizierter. Es gab Rückschläge, finanzielle Engpässe und immer neue Probleme, die schließlich zur Aufgabe des Vorhabens führten. Der „Meix“ wurde verkauft, die neuen Besitzer hatten andere Pläne. Zwar zeigten auch sie Interesse an der Vorgeschichte des Meix und empfingen Elfriede Voigt zu einem Besuch im umgestalteten Gebäude, aber eine Neuauflage des Gasthofes war nicht vorgesehen und wäre angesichts der unmittelbar benachbarten Meixmühle wohl auch nicht sinnvoll gewesen.

An der Stelle des alten Ballsaales entstand ein modernes Gebäude mit Wohnungen und Funktionsräumen und einer Verbindung zum Vorderhaus, vorgesehen zur privaten Nutzung bzw. Vermietung. Damit war der „Gasthof zum Meix“ endgültig Vergangenheit.

Elfriede Voigt gebührt das Verdienst, die lang zurückliegenden Ereignisse recherchiert, aufgeschrieben und damit vor dem Vergessen bewahrt zu haben. Es wird ihr eine große Freude sein, in ihrem 94. Lebensjahr eine Neuauflage der Erzählung zu erleben.

Möge dieses Büchlein weitere interessierte Leser finden!

Bernhard Jacob
Dresden, im Dezember 2019

Pillnitz, August-Böckstiegel-Straße 7

Ich bin die lange Pillnitzer Landstraße gefahren durch Lockwitz, Niederpoyritz, Hosterwitz, und nun stehe ich vor dem kleinen Haus August-Böckstiegel-Straße 7. Wer mit offenen Augen durch Pillnitz läuft, dem fällt dieses Haus auf. Es hat an der Eingangstür einen überdachten Vorbau, unter dem man sitzen, die vorbeigehenden Leute beobachten und auf die Elbe sehen kann. Ich kenne alles genau, einst wohnte hier der Onkel meiner Mutter mit seiner Familie. Das ist sehr lange her. Das Haus ist baufällig und wird restauriert. Ich sehe, daß die Hochwassermarken noch fehlen. Rechts am Türbalken waren sie angebracht, kleine, etwa 20 cm lange und 15 cm hohe, ovale, blaue Blechschilder mit einer weißen Jahreszahl und einem weißen Querstrich. Sie zeigten den Wasserstand der Elbe in den Hochwasserjahren des 19. Jahrhunderts. Ich erinnere mich, daß eine dieser Marken oberhalb der Türöffnung hing. Da hatte also das ganze Haus unter Wasser gestanden. Kein Wunder, daß die Holzbalken morsch geworden waren und ersetzt werden müssen!

Ich will die Besitzer fragen, ob die Schilder erhalten geblieben sind, und klingle zaghaft. Nachdem ich mein Anliegen erklärt habe, wird die ganze Familie zusammengerufen: Hier ist jemand, der das Rätsel erklären kann! Der Hausherr zeigt mir einen großen Stein, einem Grabstein ähnlich, den man bei den Bauarbeiten im Garten gefunden hatte. Auf dem Stein steht „Fasels Ruhe".

Postkarte des Gasthofes zum Meix, vor 1921.

Der Gastwirt Carl August Fasel

Carl August Fasel wurde 1848 geboren. Er heiratete 1875 in Loschwitz Christliebe Alwine Haller. Es ist nichts bekannt von der Kindheit und Jugend der beiden. Mit ihrer Eheschließung beginnt die Geschichte vom Aufstieg und Niedergang einer Familie, keiner berühmten Familie, nein, es war das Schicksal ganz einfacher Menschen.
Carl Fasel arbeitete als Maurer, wahrscheinlich an den verschiedensten Orten und nicht regelmäßig.

Viel mehr weiß ich nicht von ihm, aber mir ist, als höre ich die Stimme meiner Mutter, die mich an das Erwähnenswerte erinnert: Carl Fasel hatte ein ausgeprägtes, spitzes Kinn, das alle Kinder erbten. Auch die beiden Enkel Hilde und Gerhard, Marthas Kinder, hatten das „Fasel-Kinn". So geschah es, daß wir – sehr lange nach dem Verkauf des Meix-Gasthofes – in Reitzendorf einkehrten, und ein alter Bauer vom Stammtisch her meine Mutter sah und zu den anderen sagte: *„Guckt `mal, die Frau sieht aus wie die Fasels Martha!"*

Die „Butter-Jette“

Eine feste Beschäftigung hätte sicheren Unterhalt für die ganze Familie bedeutet, aber die gab es nicht und so waren Armut und Sorgen von Anfang an Gäste im Haushalt der Fasels. Schon bald nach der Hochzeit wurde Alwine schwanger. Vermutlich ist zu dieser Zeit ihr Plan gereift, wie sie zu mehr Einnahmen kommen könnte. Damals wohnten Fasels bereits in Schönfeld, ringsum also Dörfer und Bauernhöfe. Die Frau ging so vor: Sie kaufte bei den Bauern Butter, ein Pfund (500 g) zu einem Groschen (10 Pfennige). Von Dorf zu Dorf lief sie und hatte bald einen festen Kreis von Bauern, bei denen sie regelmäßig aufkaufte. Am Morgen danach zog sie mit dem Handwagen nach Dresden, wo sie in der Markthalle und bei Privatkunden das Pfund für zwei Groschen verkaufen konnte. Das war ein Gewinn von einhundert Prozent. Aber unter welchen Bedingungen und Opfern wurde er errungen! In der Markthalle mußte sie um fünf Uhr sein. Wer einmal mit Bahn oder Auto von Dresden nach Pillnitz gefahren ist, der hat eine annähernde Vorstellung davon, wie lange man für diesen Weg zu Fuß und mit einer Last braucht. Sie ging zwischen drei und vier Uhr los und mußte die Strecke bei Regen und Wind, Schnee und Kälte schaffen. Sehr bald nannten die Bauern und Kunden sie: die Butter-Jette. In diesem Namen steckte nichts Verächtliches, eher ein wenig Anerkennung für diese Frau.

Was die Butter-Jette damals geleistet hat, blieb für die Frauen aller folgenden Generationen Vorbild. Es wurde zur Selbstverständlichkeit, sich das Äußerste abzuverlangen, sei es im Einsatz der Kräfte, im Ertragen von Schmerzen oder in der Selbstbeherrschung.

Als ich einmal stöhnte „*Ich kann nicht mehr*", bekam ich zur Antwort: „*Das sagt man nie von sich selbst! Wenn jemand es dir ansieht, mag er es von dir sagen; aber von sich selbst sagt man das nicht!*"

Der „Gasthof zum Meix"

Groschen auf Groschen wurde zurückgelegt. Sparen war immer angesagt gewesen. Auf die Geburt der Martha 1876 folgte schon 1877 die Geburt von Frida. Daß die Einkünfte von den Arbeiten des Maurers nie ausreichen würden, war klar, und so entschloß man sich zu einer einschneidenden Veränderung: Mit den Ersparnissen der Butter-Jette kauften Fasels den „Meix". Das war ein kleines Gebäude an der Straße von Reitzendorf nach Pillnitz, ein zweistöckiges Haus mit spitzem Giebel und ziegelgedecktem Dach. Im Erdgeschoß lagen die kleine Gaststube und die Küche und darüber die Wohnräume für die Wirtsfamilie.

Nun wurde bewiesen, was der Fleiß zweier junger Menschen schaffen konnte, deren Hände hartes Arbeiten gewöhnt waren und deren Mut gewillt war, die Not zu besiegen.

Gleich zu Anfang baute Carl Fasel einen kleinen Stall für eine Kuh, ein Schwein und ein paar Hühner. Dabei konnte er zeigen, was er als Maurer zu leisten imstande war. Ein kleines Stück Land war zu bestellen, denn auf Wiese und Acker sollte Futter für die Tiere wachsen. Zunächst kamen nur am Abend die Knechte und Tagelöhner auf ein Glas Bier oder zum Stammtisch. So hatte die Butter-Jette tagsüber etwas Zeit für die beiden Kinder. Den Butterhandel mußte sie allerdings damals aufgeben. Bald gab es im „Meix" auch Abendbrot und sonntags Kuchen, Kaffee und Milch. Voll Stolz zimmer-

Die Familie Fasel vor dem Eingang zum Gasthof.

te Carl Fasel das Schild fürs Eingangstor „Gasthaus zum Meix, Garten-Restaurant“. Als die kleine Gaststube nicht mehr ausreichte, mauerte er an die rechte Seite eine kleine Terasse. Dort standen im Sommer bei gutem Wetter Tische und Stühle.

> In meiner Kindheit fiel manchmal der Satz: „*Wer nichts wird, wird Wirt*“, geäußert von Menschen, die meine Mutter kränken wollten. Da war sie dann sehr traurig. Sie wußte genau, warum der Maurer Carl Fasel hatte Gastwirt werden müssen, wie fleißig er war und was er in seinem Beruf hätte leisten können. Daß er als Wirt gescheitert ist, lag nicht an Wissen und Können.

Der „Meix“ wurde bekannt für gutes, preiswertes Essen; es kamen viele Gäste. So gedieh die kleine Wirtschaft

trotz Konkurrenz zur „Meix-Mühle“ im Friedrichsgrund, wo der König Gast war und seine Bäder nahm. Zum „Meix“ kamen vor allem wenig betuchte Kunden. Fasels haben ihre Herkunft aus den ärmeren Schichten nie vergessen. Aus Mitleid setzte die Butter-Jette bei Alten und Handwerksburschen die Zeche manchmal niedriger an, und Carl ließ nach der Grumternte[1] Zigeuner auf seiner Wiese lagern. (Später hieß es dann von Familie Fasel: *„Die können nicht rechnen!“*)
Als die beiden Mädchen, Martha und Frida, älter und selbständiger geworden waren, fiel der Mutter wieder eine Neuerung ein: Die Familie zog unters Dach, und die Zimmer im ersten Stock wurden für Feriengäste hergerichtet.

> Aus dieser Zeit stammt sicher eine Redensart, die ich auch noch oft von meiner Mutter hörte: *„Tritt das Hühnel* [= Hühnchen, Küken] *nicht tot!“* Der Satz wird im Spaß dem gesagt, der in einer engen, vollen Stube beim Arbeiten oder Suchen unbedacht umherrennt. Ich vermute, daß Mutter Fasel im Frühjahr zu zeitig erbrütete Küken in die warme Küche mitgenommen hat; diese wuselten dann zwischen den Beinen der Geschäftigen herum.

„Sommerfrische“ nannte man sich von nun an. Es kamen Familien, in denen außer den niedrigen Preisen die Umgebung des Gasthofes geschätzt wurde. Hier konnten Stadtkinder im Wald „Verstecke“ spielen, an Bächen Dämme bauen, auf Bäume klettern, auf der Mauer balancieren, kurz: sich frei an frischer Luft bewegen, laut und fröhlich sein.

---

1 Grumternte = zweite Heuernte

Spaziergang zum Meix

Ich habe mich auf den Weg zum „Meix“ gemacht. Drei Möglichkeiten habe ich, dorthin zu kommen: den Friedrichsgrund, die alte Straße und die neue Straße über Schönfeld, die neuerdings „Meixstraße“ heißt. Ich wähle die alte Straße, die meine Vorfahren „Meixstraße“ nannten. Sie führt durch Wald. Viele alte Buchen stehen hier. Ich laufe auf immer noch demselben Pflaster wie Menschen und Tiere im 19. Jahrhundert. Steil ist die Straße an manchen Stellen. Wie schwer hatten es die Pferde hier, besonders bei Schnee und Eis!

Aber jetzt bin ich erst einmal ganz am Anfang des Berges, dort wo rechts der Weinkeller liegt. Für den Bedarf des Königshauses war er in den Felsen geschlagen worden. Im Winter wurden von der Elbe dicke Eisschollen geholt; die blieben in der tiefen Höhle bis in den Sommer hinein erhalten zur Kühlung des Weins. Solange das Königshaus bestand und im Schloß Pillnitz noch Feste gefeiert wurden, war der Weinkeller mit einer Holztür gut verschlossen. Heute ist der Keller leer. Aber ich stehe vor einer Betonwand; man hat die Höhle zugemauert.

Auf diese Enttäuschung folgt auch gleich die nächste: die Mauer! Linksseitig war beim Bau der Straße eine etwa 80 cm hohe, feste Steinmauer angelegt worden, denn an dieser Seite fällt der Berg steil ab ins Tal des Baches, der im Vogelgrund fließt. Diese Mauer bröckelt, breite Lücken sind entstanden. Vor Jahren liefen die Ferienkinder des „Meix“ auf ihr, ein gewagtes Unterfangen, eine Mutprobe, die man nur barfuß wagte und wenn die Steine trocken waren.

Ein Tanzsaal entsteht

Das Geschäft lief ausgezeichnet. Der Gasthof wurde bekannt; nicht nur aus Dresden kamen die Gäste, sondern auch aus anderen Städten Sachsens. In diese Zeit des Aufstiegs fällt die Geburt des dritten Kindes, des Sohnes Paul. Möglich ist, daß die vordem „Butter-Jette" genannte, einstmals arme Frau nun der Gedanke nicht losließ, daß ihrem Sohn eine bessere Zukunft beschieden sein sollte. So wuchs der Plan, einen Saal anzubauen. Ein Tanzsaal fehlte in der Umgebung. Auch war die wachsende Zahl von Sommerfrischlern nicht mehr unterzubringen. Die Gegend um den Friedrichsgrund war außerdem bekanntgeworden als schönes, nahegelegenes Ausflugsziel für die Dresdener.

Der Bau des Saales fiel in die Zeit, als Martha und Frida schon junge Mädchen waren, vermutlich ins Jahr 1896. Das Gebäude, kurz „der Saal" genannt, war wesentlich größer angelegt als der Meixgasthof; es hatte an der Längsseite sechs große Fenster und an der Querwand vier. Das Erdgeschoß bestand aus dem Saal mit einer Bühne hinten und vorn mit der Theke. Oben lagen die Fremdenzimmer. An der Seite zum Wald wurde eine lange Holzveranda angebaut. Rundum prangte in großen Lettern das Buchstabenband „Concert- und Ballsaal". Ein Bild vom Richtfest zeigt außer den etwa zwanzig Bauleuten die ganz Familie: die Eltern, die beiden Töchter und Paul, der neben den Pferden steht. Es fällt auf, wie alt und abgearbeitet die Mutter aussieht. Diese Monate des Baus brachten für sie zusätzliche Anstrengung, denn die Bauleute wurden im Gasthof verpflegt.

Als aber der Saalbau dann fertig war, welch ein Aufschwung für den „Meix" und welch ein Erfolg für die

Richtfest beim Bau des neuen Tanzsaales.

Fasels! Jetzt besaß man das einzige große Tanzlokal in der Umgebung. Eine Kapelle wurde bei Tanzveranstaltungen verpflichtet, und für ihre Bezahlung durfte ein zusätzliches Entgelt von den Besuchern verlangt werden. Besonders groß war der Umsatz, wenn Vereine ihr Kommen angesagt hatten: Kirchenchöre, Gesang- und Turnvereine, Schulklassen, auch Hochzeitsgesellschaften feierten im „Meix" ihre Feste. Bei solchen Gelegenheiten stellte man einen oder zwei Kellner ein für den Saal und die Terrasse. Mutter Fasel, Martha und Frida übernahmen die Küche. Der Vater stand an der Theke. Manchmal waren weit über hundert Gäste da. Alles schien günstig für Fasels, und von den Neidern sah keiner auf das, was auf die Feste folgte: Säubern des Saales, einschließlich der Orte, die man kaum als Toilette bezeichnen konnte (es gab noch keine Wasserspülung!). Tischtücher mußten gewaschen und gebügelt werden. Nebenher liefen die ständigen Arbeiten im Stall und auf dem Feld. Für die Pensionsgäste bereitete man das Frühstück, ihre Zimmer wurden aufgeräumt. Das schafften die Mädchen kaum noch allein. Hatte sich ein Verein angesagt, so deckten sie bereits frühmorgens alle Tische im Saal. Kaffee und Kuchen standen bereit. War alles fertig, so stellte sich Martha ans Tor und wartete, bis sie die Kapelle oder die Lieder hörte von den Leuten, die den Meixberg heraufkamen. Dann rannte sie in die Küche und rief: „*Sie kommen!*".

Aber was geschah, wenn plötzlich Regenwetter begann und ein angekündigter Verein nicht kam? In der Küche Berge von Kuchen, im Keller Würste und Schinken, auf der Bühne die spielbereite Kapelle! Das alles umsonst! Ein rechtzeitiges Absagen und Abbestellen war oft gar nicht mehr möglich. Es gab damals auch keine Versicherung für Gastwirte, und weder der Maurer noch die Butter-Jette hatten kaufmännisches Geschick, um für solche Ausfälle in guten Zeiten vorzusorgen. Noch wurde mancher finanzielle Verlust ausgeglichen, weil die Arbeitskraft der Familie zur Verfügung stand. Es war selbstverständlich, daß die Mädchen von morgens bis abends und an manchen Tagen bis nachts arbeiteten. Zu einer Zeit, in der es auf dem „Meix" noch kein Gas gab, mußte für jeden Topf Wasser, das man zum Kaffeekochen brauchte, Feuer im Küchenherd sein. Damals konnte niemand einfach das Licht anschalten, wenn er am dunklen Morgen schon in der Küche arbeiten mußte. Es gab Petroleumlampen, aber auch damit hatte man sparsam umzugehen.

Familie Fasel.

Die Kinder der Fasels

Die Mutter verließ sich darauf, von Martha und Frida alle Arbeiten verlangen zu können, auch körperlich schwere und schmutzige. Sie hatte ihre Kinder streng erzogen. Da herrschten Verbote, die man dieser kleinen Frau, die so gut zu Tieren war, nicht zugetraut hätte. Was sie an Härte von sich selbst verlangt hatte, erwartete sie auch von ihren Kindern. So durfte beispielsweise nur in der Bibel gelesen werden, und als sie Martha mit Goethes Faust überraschte, warf sie das *„sündige Buch“* ins Feuer. Es war streng untersagt, die Zigeuner auf Vaters Wiese zu besuchen, wenn Martha noch so sehr bettelte, weil sie deren Pferde sehen wollte. Mutter Fasel war unnachgiebig und ohne Einsicht. Ihre beiden hübschen Töchter sollten dem Gasthof erhalten bleiben. Sie hatte dem „Meix“ alles geopfert, und setzte nun bei ihren Kindern dasgleiche voraus. Das mußte zum Konflikt führen.

Als Erste brach Frida aus diesen Zwängen aus. Man hatte immer vorausgesetzt, daß eines der Mädchen einen Mann bekäme, der zum jungen Wirt geeignet wäre. Als aber Frida von einem reichen Kohlenhändler aus Pillnitz umworben wurde, standen die Eltern ihrem Glück nicht im Wege. Noch hatte man zwei Kinder, auf die man alle Hoffnung setzen konnte!
Vielleicht war es gerade diese Erfahrung, daß Geld und Glück gleichgesetzt wurden und sich dies in der Ehe ihrer Schwester als Irrtum erwies, die Martha anders handeln ließ. Martha war immer die gefühlvollere gewesen: Sie war traurig über jeden gefällten Baum; sie blieb bei den Tieren im Stall, wenn Gewitter über den Borsberg zogen. Die ältere war außerdem besonders fleißig und besonders hübsch. Martha wäre die richtige junge Wirtin geworden!

Auf meinem Weg zum Meix-Gasthof habe ich einen Umweg geplant: Ich gehe durch den Vogelgrund. Dieses Fleckchen Natur liegt so günstig, daß es schon zu alten Zeiten wenig bekannt war. Heute gilt das erst recht. Man fände den Eingang zum Vogelgrund kaum, wäre eben da nicht die Lücke in der Mauer. Steil führt der Pfad abwärts. Er ist schmal. Man müßte hintereinander laufen, wenn man mit mehreren kommt. Ich bin allein und kann genießen, was der Name des kleinen Tales verspricht: Vogelstimmen und Stille. Der Bach plätschert leise. Er führt nur wenig Wasser. Forellen und Krebse werde ich nicht mehr finden. Dann stehe ich am oberen Teich. Er liegt still und dunkel da, und ich denke an die schlimmen Stunden der Martha Fasel.

Waldweg zum ehemaligen Gasthof Meix.

Die Suche nach einem neuen Wirt

Martha verliebte sich in einen jungen Mann aus Hosterwitz und wurde schwanger. In ihrer Verzweiflung stand sie im Frühjahr des Jahres 1900 eines Nachts am Teich im Vogelgrund. „*Ach, neige, du Schmerzensreiche, dein Antlitz gnädig meiner Not!*" Das hatte sie einst im „Faust" gelesen; jetzt war sie in derselben Lage wie Gretchen und genauso allein. Martha hätte von der Mater dolorosa mehr Gnade erwarten können als von ihren Eltern. Ihr „Fehltritt" war nicht nur eine Schande für die Familie, er war gleichzeitig das Ende der Hoffnung auf einen jungen, gesunden, tatkräftigen Wirt für den Gasthof. Der Vater des unerwünschten Kindes war Kaufmann und kam aus einer armen Familie. Die beiden heirateten und zogen nach Briesnitz.

Zu allem Unglück stellte sich etwa um die gleiche Zeit heraus, daß Paul keinen Willen und auch keine Eigenschaften besaß – weder körperliche, noch charakterliche – die Gastwirtschaft einmal zu übernehmen. Sein Lehrer kam extra von Pillnitz herauf und bat Fasels, ihren Sohn Lehrer werden zu lassen, weil er dafür begabt sei und große Lust zu diesem Beruf habe. Er stieß auf ein entschiedenes „Nein". Mit aller Härte verboten die Eltern dem Sohn diesen Wunsch und – zerstörten damit ein Leben. Paul durfte nicht Lehrer werden, Paul durfte nicht heiraten, wen er liebte, Paul mußte – sollte! – der junge Wirt werden!

Von diesem jüngsten Kind der Fasels ist mir nicht viel bekannt. Ich weiß nur, daß Paul klein und schmächtig war und – nachdem alle seine Wünsche ignoriert worden waren – anfing zu trinken. Nach dem Verkauf des

Gasthofs und dem Tod seiner Eltern lebte er allein in Pillnitz. Unvergeßlich bleibt mir, was ich 1963 erlebte, als ich mit meinen Eltern und Kindern in Pillnitz weilte. Wir waren auf dem Weg zum „Goldenen Löwen". Da kam uns ein kleiner, alter Mann entgegen. Plötzlich blieb meine Mutter stehen und sagte: „*Der Paul!*" Während sich die beiden unterhielten, fiel mir an dem alten Mann etwas auf, das ich selten so gesehen habe: seine traurigen Augen.

Die Geschichte der Butter-Jette ist hier noch nicht zu Ende. Der schmerzliche Schluß, die Katastrophe, kam erst Jahre später. Zunächst ging es mit dem „Meix" langsam bergab, weil die beiden Töchter fehlten. Als die Mutter etwa fünfzig Jahre alt war, kamen die Auswirkungen der Zeit, in der sie weit über ihre Kräfte gegangen war: Die Butter-Jette hatte offene Beine. Kein Arzt konnte helfen. Sie saß die meiste Zeit des Tages in der Küche am Herd und erledigte im Sitzen noch kleine Arbeiten. Oft weinte sie vor Schmerzen, und ebenso vergoß sie Tränen aus Verzweiflung um das Schicksal ihres Gasthofs.
In dieser Notlage kam unerwartete Hilfe. Es war ungewöhnlich, was Martha zu gleicher Zeit durchmachte. Sie hatte nach der Geburt des ersten Kindes gleich im nächsten Jahr ihr zweites Kind geboren. Der Familienvater war in einer kleinen Fabrik durch Fleiß und Können zum Prokuristen aufgestiegen. Martha hätte glücklich sein können. Aber sie war es nicht! Sie quälte sich mit Vorwürfen, daß sie die Eltern und den „Meix" im Stich gelassen hatte. Um ihrer Liebe und ihres Glückes willen, war sie weggegangen, und nun konnte sie nicht glücklich sein ohne den „Meix". Die Liebe ihres Karl muß groß

Der Biergarten des Gasthofs zum Meix, vor 1921.

gewesen sein, denn er war einverstanden mit ihrem Entschluß: Sie ging mit den beiden kleinen Kindern, Hilde und Gerhard etwa ab 1902 in der „Saison" – also ab Ostern bis zur Kirchweih – zurück auf den „Meix". Mit unglaublicher Energie brachte sie es fertig, daß wieder Sommergäste kamen und wieder Feste im Saal gefeiert wurden. Wie sie das geschafft hat – Stall, Küche, Fremdenzimmer, Saal und dazu ihre beiden Kleinen – das ist kaum nachzuvollziehen. Es war ein „Opfergang"!
Es wurden wieder Zimmermädchen, Küchenhilfen und Kellner eingestellt. Waren Tanzveranstaltungen angesagt, dann kam sogar ihr Mann aus Briesnitz und übernahm den Ausschank an der Theke im Saal. An solchen Abenden gab es dann wohl auch einen Tusch von der Bühne, der Kapellmeister rief eine Extratour aus für Martha und Karl, und die Butter-Jette stand an der Küchentür, sah zu, wie sich ihre Martha im Walzertakt drehte, und war glücklich.

Auch meine Mutter hing am „Meix“ wie ihre Mutter und die Faselgroßeltern, hatte sie doch bis 1919 fast jeden Sommer viele Wochen dort verbracht. Ob sie nun als Kind den Tanzenden im Saal zuschaute oder als junges Mädchen dort selbst tanzen durfte, alles hatte sich so tief eingeprägt, daß sie bei jedem Walzer, den sie im Rundfunk hörte, bis ins hohe Alter kommentierte: *„Einer vom Meix!“* Wenn mein Vater sie dann neckte und entgegnete: *„Nein, meine Hilde, das ist ein Strauß-Walzer“*, sagte sie – etwas leiser, aber entschieden – noch einmal: *„Einer vom Meix.“*

Hilde und Gerhard verlebten die Hälfte ihrer Kindheit auf dem „Meix“. Im Winter war man in Briesnitz, im Sommer in Pillnitz. Als sie dann Schüler waren, ging es nur noch sonntags und in den Ferien dorthin. Gemeinsam mit den Kindern der Sommergäste streiften sie durch den Wald, fischten im Vogelgrund, pflückten heimlich die Kirschen von Großvaters Bäumen. In die Linde am Eingangstor bauten sie aus Latten und Brettern eine Plattform, wo sie sich gut verbergen konnten, wenn Mutter oder Großmutter zum Essen riefen.

Kinderspiele

Wenn ich nun etwas breiter erzähle, dann führt das nur scheinbar vom Thema „Butter-Jette“ weg. Die Wahrheit ist, daß sie den „Meix“ gegründet hat und zu dem gemacht hatte, was er damals war. Durch ihren und ihrer Familie Fleiß wurde er ein kleines bescheidenes Ferienparadies, vor allem für Kinder aus der Stadt.

Ich berichte hier nur als Stellvertreter einer Generation, die noch glücklich war bei Spielen, die heute viele Kinder nicht mehr kennen. Wer wäre nicht fröhlich gewesen bei dem, was mir geschildert wurde!

Das Fangen von Krebsen im Bach des Friedrichsgrundes war aus mehreren Gründen ein besonderes Abenteuer: Erstens mußte es nachts geschehen, weil dann die Krebse – vom Licht einer Lampe angelockt – leicht zu fassen waren. Zweitens gehörten Bach und Krebse dem Besitzer der Meix-Mühle, den man also überlisten mußte. Für solche Schleichwege war der Zick-Zack-Weg wie geschaffen. Er war auch der Fluchtweg der Kinder, wenn sie zurückrannten und den mit Krebsen gefüllten Eimer der Großmutter ablieferten.

Die Fasel-Großmutter hatte trotz ihrer reichlichen Arbeit immer Verständnis für die Spiele ihrer Enkel mit den Ferienkindern. So erlaubte sie, daß wochentags im Saal Verstecke gespielt wurde. Da waren die dicken Vorhänge zugezogen, es kam kaum Licht hindurch, und in diesem Halbdunkel war es leicht, Verstecke zu finden. Besondere Einfälle hatte dabei der Georg, ein Junge aus Chemnitz. Wenn er „ewig" nicht gefunden worden war und dann plötzlich Klavierspiel von der Bühne her erklang, dann rannten alle dorthin. Aber kein Georg war zu fangen! Nachdem sich das mehrmals wiederholt hatte, „stellte" er sich freiwillig: Er lag oben auf dem Klavier!!

Der Georg aus Chemnitz wurde zum besten Spielkameraden von Hilde und Gerhard (und später Hildes Mann und mein Vater!). Er hatte sich mit Privatstunden zu Hause etwas Taschengeld verdient. So konnten die drei zur „Trautmanne" gehen. Frau Trautmann hatte im Friedrichsgrund eine Verkaufsbude aus Holz, in der Spaziergänger Bonbons, Stundenlutscher, Lakritze, Limonade u.a. kaufen konnten. Sie verdiente an sonnigen Tagen gut. Aber sie hatte auch viel Ärger durch Kinder, die Steine vom Abhang herunter an die Rückwand der Bude warfen. Zum Einkauf nahm Georg einmal einen langen, dicken Stock mit. Damit donnerte er unterhalb des Ladenfensters gegen die Holzwand, während er mit Unschuldsmiene „*Fürn Fünfer Sahnebonbons*“ verlangte. „*Das sind wieder die Lausbuben*“, rief die Trautmanne und rannte aus ihrer Bude, um sie endlich zu erwischen. Viel Spaß hatten die drei, bis die alte Frau alles durchschaute. Sie blieb trotzdem freundlich; Georg war einer ihrer besten Kunden. Und eines sei besonders erwähnt: Nie wurde die Gelegenheit genutzt, etwas wegzunehmen, während die alte Frau nach hinten rannte.

Der Erste Weltkrieg und Aufgabe des Gasthofs

Auf dem „Gasthof zum Meix“ schien also alles wieder gut zu laufen. Aber es schien nur so. Es war nicht mehr zu übersehen, daß Carl Fasel immer mehr dem Alkohol verfiel. Nicht ohne Grund stand Marthas Mann neben ihm oder später statt ihm an der Theke. Vielleicht war dem Vater als Erstem aufgefallen, wie aussichts- und sinnlos alle Anstrengungen waren, und er suchte deshalb Trost und Betäubung. Die anderen klammerten sich an den augenblicklichen Erfolg. Aber für wen das alles? Die alten Eltern und bald auch Martha waren am Ende ihrer Kräfte, und mit Paul konnte man nicht mehr rechnen.
Dann kam der Weltkrieg. Da hatten nur noch wenige Lust auf ein Bier, niemand feierte noch Feste, und zum Tanzen fehlten die Männer.
Der „Gasthof zum Meix“ mit „Concert- und Ballsaal“ war 1919 so verschuldet, daß er verkauft werden mußte. Der neue Besitzer wollte die Wirtschaft weiterführen und dort wohnen. Fasels mußten ausziehen und konnten nur einige persönliche Gegenstände mitnehmen, u.a. das Butter-

Maß, mit dem die Jette die Pfunde abgewogen hatte. (Das wertvolle Gefäß wurde zum wertvollen Andenken. Weder Martha, noch Tochter Hilde, noch ich, die Schreiberin dieser Erinnerungen und Urenkelin der Butter-Jette, haben die Schüssel verwendet; sie stand immer und steht noch heute unversehrt im Küchenschrank.)

Die alten Fasels mußten ins Armenhaus. Der Mann der Frida war zwar reich, aber er hatte nicht das Herz, seine Schwiegereltern aufzunehmen.

Martha lebte mit ihrer Familie in wesentlich bescheideneren Verhältnissen. Denn sie machte nicht den Fehler wie ihre Mutter. Sie ließ ihren Sohn Gerhard Lehrer werden, wenn auch der Besuch des Seminars in Dresden-Plauen zu Einschränkungen zwang.

Das Ehepaar Fasel hat den Verlust des „Meix“ nicht lange überlebt. In Trauer und Verbitterung lebten beide noch etwa ein halbes Jahr und starben im Dezember 1919 und Januar 1920 im Abstand von nur sechs Wochen.

In richtiger Einschätzung des Schicksals ihrer Eltern setzten Martha und Frida ihnen aufs Grab den Stein mit der Inschrift „Fasels Ruhe“.

Nach der Auflösung der Grabstätte nahm man den Stein mit in den Vorgarten des Hauses Schloßstraße 7, wo Fridas Familie wohnte. Von dort hätte ihn das Elbhochwasser 1941 beinahe weggetragen. So lag er jahrelang, in Schlamm gehüllt, am Rande des Grundstückes, bis ihn der neue Besitzer entdeckte und nicht wußte, wer wohl da Ruhe gefunden habe und was geschehen sei, wovon man sich ausruhen mußte.

Waldweg in der Nähe des ehemaligen Gasthofes zum Meix.

Der verlassene Gasthof, 1996.

Verlassene Gebäude

Nun stehe ich schließlich auf der Meixstraße am Ausgang des Waldes und sehe schon von Ferne, daß am Gasthofgarten das Eingangstor fehlt. Langsam gehe ich näher: zerbrochene Fensterscheiben, bröckelnder Putz, Gras auf den Treppenstufen, an der verschlossenen Tür ein Schild: *„Betreten verboten! Lebensgefahr!"*

Die Terrasse, völlig verwachsen, ist kaum noch zu erkennen, das Geländer verrostet und verbogen. Beim Blick ins Innere der früheren Gaststube kann ich übereinandergestellte Stühle erkennen. Ich laufe ums Haus herum. Der Stall ist angefüllt mit Gerümpel. Den schlimmsten Anblick bietet der Saal: Schmutzige, zerissene Vorhänge an den hohen Fenstern lassen nur wenig Licht ein. Im Halbdunkel sehe ich, daß sich an einigen Stellen das Parkett hebt. Wasser tropft vom Dach.

Balkon am ehemaligen Gasthof zum Meix, 1996.

Dieses Bild langsamen Verfalls erschüttert mich. Ich kehre um und entdecke dabei etwas: Die alten Bäume am Eingang stehen noch, und hoch oben in der Linde hängen Leisten des Baumhauses, das sich die Kinder vor 90 Jahren gebaut haben.

Zurück nach Pillnitz will ich durch den Friedrichsgrund gehen. Ich nehme aber nicht die kürzeste Strecke, denn ich weiß eine wenig bekannte. Es ist der Zick-Zack-Weg, der kurz nach dem Beginn des Waldes von der Meixstraße links abzweigt hinab in den Grund. Wie der Name

Der ehemalige Ballsaal mit Vandalismusschäden, 1996.

schon sagt, läuft er in Serpentinen den steilen Abhang hinunter. Hier konnten die Kinder beim Spiel ihren Mut beweisen, indem sie geschickt Kurven übersprangen und den Weg auf diese Weise so kürzten, daß sie als erste das Tal erreichten.

Mir gibt der Verlauf dieses Weges ein deutliches Abbild des Weges abwärts, den der „Meix“ genommen hat. Bald wird das Haus ganz verfallen sein.

Und weiß dann noch jemand, wer das war: die Butter-Jette? Von allem bleibt nur ein Stein mit der Schrift „*Fasels Ruhe*“.

Ansichten des Gasthofes zum Meix in den 1920er Jahren.

Abbildungsverzeichnis

Elfriede Voigt: S. 8, 12, 15, 19, 21, 23, 31, 32, 33, 34, Titelbild Cover & Rückseite

SLUB/Deutsche Fotothek: S. 26, 35